Las palabras que inmortalizaron a la malograda Escuadrilla La Fayette y otros poemas

Primera edición octubre 2025

© del texto Guillem Martínez
© Revista Contexto, S.L.

Editorial Escritos Contextatarios
Colección CTXT / Mini

Directores de la colección: Ignacio Echevarría y Miguel Mora
Edición del texto: Ignacio Echevarría y Mónica Andrade

Maquetación de la colección: Ignacio Rubio

Revista Contexto SL
info@ctxt.es
www.ctxt.es

ISBN: 979-13-990417-2-9
DL: M-22243-2025

Impreso por Quares

Guillem Martínez

Las palabras que inmortalizaron a la malograda Escuadrilla La Fayette

y otros poemas

ctxt

Colección Mini de **Escritos Contextatarios**

Índice

A mi hijo Joan.
Otro libro.
Para que sigamos hablando dentro de mil años.

Prólogo
Ardo yo

TEORÍA DEL PRÓLOGO. Un prólogo debe ser proporcionalmente breve y útil, aportar información y sentido al texto al que antecede y que, en verdad, es la madre de algún tipo de cordero, ese animal autosuficiente, o estamos perdidos. Lo que aquí sigue es, básicamente, eso. Un prólogo como una casa, al que le sigue una serie de poemas que nacieron con la feroz voluntad de ser autosuficientes. El prólogo, donde usted se encuentra, no es nada más ni menos que un intento de contextualización del autor de estos poemas, así como de establecer una relación de estos poemas con la serie poética española de su momento. Casi todo lo que las personas elaboran, al cabo, va inserido en una serie, lo que lo hace serio. En las líneas que vienen a continuación, el lector que así lo quiera asistirá, por todo ello, a un intento exitoso —en tanto lo hago yo, la persona que más me conoce— de ubicar al autor y a su obra poética en el tiempo, esa gelatina que, conforme se va amontonando y amarilleando, parece que tiene un aspecto sólido y coherente, si bien casi nunca lo es.

LA GELATINA. SU PUNTO DE VISTA. Ese tiempo, esa gelatina amontonada, plof, no es otra cosa que mi primera y segunda juventud. La primera juventud es algo sumamente alejado de la segunda juventud, aparentemente muy próxima, en la que ya no sucede lo que consumió la primera, que no es otra cosa que lo que explica Joyce en su *Retrato del artista adolescente*: un enfrentamiento, obvio, si bien siempre inesperado, para los que solo viven una vez, entre lo no previsto y lo previsto. Lo previsto, ya saben, es el mundo para el que una persona ha sido educada, por el Estado y por su entorno, en su infancia. Ese combate rápidamente olvidado es, como no recordarán, a muerte, de manera que en él muere uno de sus dos contrincantes: o bien la persona —que, si pierde el combate, se vuelve anodina—, o bien el mundo —en el caso de que el mundo que la persona veía probable pase a ser improbable. El tiempo, el segmento temporal en el que transcurrieron esas dos juventudes y, para el caso que nos ocupa, en el que transcurrió la génesis de los textos que el lector tiene en sus manos, fue un paréntesis, intenso y absorbente, que viví entre 1983 y finales de esa misma década. En la década siguiente yo ya era yo —es decir, una versión razonable de mí, si bien radicalmente distinta de los yo posteriores, incluso del actual— y trabajaba ya como escritor profesional, en diarios y —en aquel momento y hasta la segunda década del siglo XXI— en televisión. El tiempo descrito en este prólogo es un tiempo en el que estudiaba bachillerato y empecé y concluí mis estudios universitarios de Filología hispánica, y en el que, por los pelos, no concluí los de Ciencias políticas. De todo ello hace, en fin, mil años. O, lo que es lo mismo, cualquier narración del pasado personal se ubica en una época tan lejana como aquella en la que transcurre cualquier narración mítica. Sucede con el *Gilgamesh*, con la *Ilíada* o con la *Biblia*, un texto en el que no se explica el porqué del nacimiento del odio de Caín hacia Abel —es decir, el nacimiento del odio: un gran tema, quizás no hay otro—, porque el narrador, supongo, lo encontraba algo ya lejano y, por lo mismo, vago.

LOS 80 COMO ALGO LEJANO Y VAGO. Lo que puedo decir es que los 80 fueron totalmente diferentes a los 70. Nací en el Cinturón de Barcelona, en los 60. El Cinturón era entonces, desde precisamente los 60 y hasta precisamente los 80, una construcción operativa, cierta. Era algo real, palpable, que respondía al último cambio de época de aquel entonces. A principios del siglo XX, recordemos, la vida de las clases populares de Barcelona —esto es, su trabajo y su propia existencia— transcurría en el barrio. Después de la guerra, esa vida quedó dividida. Se vivía, o al menos se pernoctaba, en el barrio, sí, pero se trabajaba en otro barrio, en ocasiones lejano. Eso, la intensificación de eso con el desarrollismo posterior a 1959, fue la génesis del Cinturón, un punto, docenas de puntos, de núcleos urbanos, que rodeaban Barcelona. Eran pequeños municipios agrícolas que pasaron a ser en muy poco tiempo grandes ciudades y grandes focos industriales. Sobre la vitalidad y el carácter descomunal del Cinturón: en el momento de mi nacimiento, en mi pueblo vivían unas cuatro mil personas que, en el momento de mi escolarización, ya en los 70, conformaban una ciudad de unas cincuenta mil personas. Lo cual supone algo inusitado en tiempo de paz, y que sucede en sociedades sometidas a la industrialización, esa guerra. Hoy pasa en Asia, en aquel momento sucedía en España; una década antes, sucedió en Europa. En Italia adquirió, por cierto, unas dimensiones y proporciones monstruosas y parecidas a las españolas. Podría haber sido una locura. Lo fue. No había colegios, hospitales, planificación alguna, nada. Pero, para los niños, era divertido. Éramos miles de niños ruidosos, sedientos de vida, con ganas de liarla y, gracias al caos reinante en aquella situación jamás vista, ciertamente libres, con grandes intervalos diarios sin autoridad alguna. Por otra parte, el dinero, llamativo, que nuestros padres ganaban con la venta de sus cuerpos y almas al proceso de industrialización, repercutía en cierta igualdad colectiva. Todos veníamos de un pasado común, empobrecido y sin futuro, que los niños no habíamos conocido, e íbamos —todo el mundo lo imaginaba así— hacia un futuro próspero, infinito —si no, en ocasiones, directamente hacia el socialismo—, en el que, con toda mejora laboral y de ingresos de nuestros padres, seguiríamos siendo más o menos iguales, si bien mejores. El fenómeno del desplazamiento masivo, de la emigración sin precedentes, resultó, a mis ojos de niño, una aventura colectiva, muy colorida. Nunca escrita en su explosiva profundidad, por cierto, lo que habla de cierta interrupción cultural, de un relevo que no se produjo en mi generación, tal vez la primera generación española sin grandes testimonios narrados. La primera que, por lo que sea, no tuvo la necesidad, desde 1868, de explicar, en la ficción, lo vivido, lo recibido, lo transformado. Tal vez —ya lo verán en breve— porque no hubo nada de eso. Por otros motivos, ahora que lo pienso, pasó algo parecido con la generación de la República. Un final de algo no explicado con detenimiento. En aquellos momentos el Cinturón era un punto certero y original en el mundo. Y muy conflictivo: en los cinturones de Barcelona, Madrid, Bilbao, Valencia transcurría, en los 70, la gran ola de huelgas salariales que había recorrido Europa una década antes, si bien, y al contrario que en Europa, sin derechos sindicales y con una policía especialmente agresiva y primitiva. En ese sentido, puedo aportar el preciosismo de que el sargento de la Guardia Civil de mi pueblo incluso se llamaba Pizarro. En mi pueblo, concretamente, en 1976, se fue más lejos de lo habitual y se llevó a cabo la legendaria Huelga General Política, con la que el PC daba la brasa desde hacía lustros. Resultó un hecho inolvidable para los adultos y para los niños que la vieron y vivieron, una aventura sumamente dulce y violenta, con héroes, con épica y con final feliz. Algo nunca visto (estos ojos que se comerán los gusanos vieron, en ese sentido, lo que jamás vio un indio: a Pizarro sobrepasado). En mi caso, aquella huelga fue la única victoria contra los malos vivida en mi —ya larga, diría— vida. Aquel Cinturón, en fin, estaba a punto de ser Belfast. O Skid Row. Pero, finalmente, no fue ninguna de esas dos cosas, sino algo anodino, una suerte de conjunto de barrios residenciales una vez el Cinturón se limpió de sí mismo, de su grasa de fábrica, de su olor a sur y a desplazados. Fue a través de un proceso corto, intenso y jamás previsto. Primero con la crisis de 1973, luego con su consolidación y prolongación, a través de los Pactos de la Moncloa, en 1977, aquel momento histórico en el que partidos y sindicatos decidieron aceptar, se dice rápido, paro en vez de inflación. La última casilla fue también algo único en Europa: la desindustrialización voluntaria, vehemente, sin piedad, decidida por el Gobierno e iniciada y concluida a partir de 1982. En todo ese proceso por etapas apareció algo que los niños nunca habíamos visto: el paro a tutiplén y como animal de compañía, como paisaje constante. Muchos de nuestros padres dejaron de trabajar entonces, y se arrastraron hasta su jubilación, de manera inenarrable, inhumana, ya en los años 90. Vaya, estamos en los 90 y, ahora que lo pienso, aún no les he hablado de los 80. Lo vuelvo a intentar.

LOS 80. SEGUNDO INTENTO. El sentimiento colectivo de derrota, en los 80, era absoluto, si bien nadie lo formulaba así. Ni se nos hubiera ocurrido. Simplemente, creo recordar, creíamos que vivíamos malos tiempos. Dentro de un huracán, en fin, no se sabe que el huracán existe. Mi vivencia es que la tristeza —siempre mezclada con la alegría; la vida es de por sí alegre, ese peso específico superior al de la tristeza— copaba amplias zonas de lo que mirabas. Mi sensación es que, sin estas precisas palabras, había ocurrido una guerra y —*vae victis*— la habíamos perdido. Y quizás fue eso lo que sucedió, en los 70. En el instituto llevábamos zapatos cutres, en ocasiones rotos, y vestíamos que dábamos pena. Lo constataba en verano, cuando iba a ver a mi familia en el exilio. Eran anarquistas. Esos viajes, esa relación, resultó ser determinante en mi vida. Lo es ahora, incluso. Significó una gran ventana hacia otros estados de ánimo y otros puntos de vista. En el exilio, por cierto, la guerra, su derrota y su amargura, acabaron mucho antes, infinitamente antes que en el interior. Era perceptible, por ello, una mayor serenidad y una mayor libertad en los cálculos. En breve constataría también nuestra pobreza y nuestra marginalidad viajando por toda Europa —entonces, aún existía la Europa del Este, ese mundo paralelo, esa otra pesadilla, en este caso hoy desaparecida—, pues muy pronto —a los dieciséis años— empecé a trabajar, lo que fue un gran hecho biográfico que me aportó una libertad y una autosuficiencia real y prolongada. Empecé, primero en el almacén de una fábrica, y luego, ya en la universidad, en una carpintería. Ganaba mucho dinero —quiero decir, para aquel momento y para mi edad—, e invertía todo ello en mi autonomía, en mis estudios, en viajes y, más aún y de manera más constante, en libros. De manera desordenada, con itinerarios extraños, sin guía, sin personas adultas que me orientaran tanto como hubiera necesitado, leía, y leía mucho. Como siempre a esa edad, poco o nada de ensayo, mucha ficción y muchísima poesía. La lectura fue un punto de partida, una trayectoria y un punto de aterrizaje. Fue una aventura y una gran dosis de oxígeno frente a la aludida tristeza colectiva, la sensación de ausencia absoluta de futuro (el punk, como el fuego, nació en todo el mundo a la vez). En breve, esas percepciones desilusionantes aumentarían gracias a la heroína. Iba a decir que vino sigilosa. Pero no vino sigilosa. La heroína lo cambió todo a su paso. Como un incendio. Acabó con compañeros del colegio, que vivían del aire y de pequeños y absurdos palos en estancos y farmacias —solo los valientes se atrevían con los bancos, para los que era necesaria cierta formación, temperamento y armamento—, después de que sus padres se hubieran quedado sin fábrica alguna, sin posibilidad alguna de futuro, como ellos mismos. La desindustrialización finalizó escupiendo —a un campo de amapolas de opio— todos los cuerpos que había masticado por dos o tres décadas. Lo que fue una suerte de exterminio. Lo que, a su vez y por su dimensión, requería alguna suerte de planificación. O, al menos, de imaginación: alguien tuvo que haberlo imaginado, alguien tuvo que haberlo sabido. Cuando íbamos al bosque a hacer el amor, en el camino nos encontrábamos con aquellos futuros amigos muertos que iban también al bosque, a dejarse calar por la heroína, esa voz divina, esa experiencia cercana a Dios. Su andar y su decisión, imparable, era aún mayor que la nuestra. Aquellos compañeros, hoy muertos, olvidados y cuyo recuerdo se ha escondido en sus propias familias, hubieran podido desestabilizar, con su mera presencia, con su mera existencia, con su mera protesta, toda la estabilidad que se pretendía fabricar en aquellos tiempos duros e inestables, y que, de hecho, se consiguió establecer en aquella década de destrucción metódica de lo colectivo. El sida, que no tardó en hacer acto de presencia, fue tan solo una broma final y cruel con la que te cruzabas por la calle, en la forma de una madre avanzando con un hijo agarrado de la mano con el que no hacía tanto habías jugado y peleado en el río, de pronto esquelético y nuevamente un niño pequeño y dócil.

LA POESÍA. El programa de lecturas, azaroso, que me proponía —o mejor, que iba surgiendo— me había alejado de lo normal en mi familia y entorno, de lo esperable y lo tolerable en la literatura: la literatura social, la idea constante de compromiso en la literatura, que, de repente, me resultó algo limitado y limitador, inútil y soporífero. Un sobrepeso, una lacra. Algo contrario al vitalismo gamberro anarquista, incluso, esa cultura que, en plena Guerra Civil, y tal vez por ello mismo, gravó comedias musicales. Mi idea es que si alguien recurría al arte para ver en él lo que debería haber visto por sus propios medios —por sus propios ojos, vamos— en la realidad, es que estaba perdido. Ese convencimiento de que el compromiso no era una forma, sino la ruptura de la forma, de la manera de escribir y de plantear, lo experimentaba en un fanzine libertario, el primer sitio en el que publiqué, durante varios años. Allí, supongo, desarrollé un fuerte compromiso que aún mantengo —sigo siendo un usuario de la izquierda no autoritaria, ese objeto tan exótico por aquí abajo como sexi—, si bien siempre lejos del léxico, de los recetarios industriales de la ideología, del sentimentalismo. Para entonces llevaba cuatro o cinco años leyendo poesía o incluso escribiéndola. Había empezado a escribir después de leer las memorias del peor poeta del mundo, así como su primer libro de poesías publicado: Neruda. Me parecía, en aquel momento, un autor maravilloso. Al carecer por entonces de lengua literaria, escribía en catalán y en castellano indistintamente. Hasta que surgió, zas, la lengua literaria. No se elige, sino que, de pronto, dispones de una y no de otra, lo que anula cualquier otra posibilidad. Para mí, opciones como la de Conrad, un polaco que eligió el inglés para la ficción, son sorprendentes. O, todo lo contrario a Conrad, opciones patrióticas que eligen una lengua literaria por motivos políticos o identitarios. Es sorprendente, pero es la lengua literaria —ojo, no confundir eso con el concepto idioma; no tiene, estrictamente, mucho que ver; me costará venderles esto, pero, para escribir, uno no utiliza el idioma sino, precisamente, la lengua literaria, que es otro negociado— la que te elige, la que decide por ti. Los primeros y torpes intentos de escritura consistían en una sensación, que ya he olvidado, de querer escribir algo que desaparecía en el proceso de intentar verbalizarlo, lo que era frustrante. Hace años, muchos, que no me sucede eso. Por lo que, en cierta manera, lo añoro, como uno añora la aventura imposible de volver a aprender a montar en bicicleta. Poco a poco se fue ampliando mi lista de autores. Primero, con simbolistas franceses. Un antes y un después. Luego, con Rubén, un festival, la vivencia absoluta del ritmo, esa cosa fascinante. Luego, con la Generación del 27. Me gustaban mucho Aleixandre y, curiosamente, Altolaguirre. Llegué a escribir a Aleixandre, un gran poeta y, además, un hombre cargado de paciencia, consciente de su rol, si no de su deber, hoy desaparecido, que era el de trasmisor. No de una cultura, sino de una actitud, de algo que empezó con Petrarca y que finalizó, que dejó de transmitirse en las inmediaciones de mi generación: el Humanismo, ese absoluto fin de época. También leía, claro, catalán. Recuerdo leer mucho, con absoluto placer y excitación, a Salvat-Papasseit, lo que en inglés se denominaría un *minor*, y que no es exactamente un menor. Recuerdo la primera lectura, desestabilizadora, absoluta, de Gabriel Ferrater, a quien descubrí, y esto no es una casualidad, junto a su amigo Gil de Biedma. Recuerdo también mi rechazo, casi instintivo, hacia Espriu, Riba, Foix, textos que se me caían de las manos, tal vez porque intentaban ser antes que estar, esto es, satisfacer antes un ideal externo a la literatura, una suerte de casticismo intelectual local, que ese viaje de sumo riesgo hacia la exposición ante los demás que es la literatura. En casa había libros de Maria Mercé Marçal (amiga o compañera de mi padre, no lo recuerdo). Aunque la autora me caía muy bien, su poesía, en cambio, no. Lo que me obligaba a pensar sobre el hecho literario, tan distinto del afectivo. Autores mediáticos, como Martí i Pol, me producían urticaria ya en un momento de la primera juventud, cuando aquello que les explicaba de Joyce. Ahora que lo pienso, me salté o no entré en determinados packs de poetas, como la Generación de los 50. Lo que habla del carácter arbitrario e incalculable de una formación sin formadores. En términos generales, en esa primera juventud, ampliaba lo que estudiaba en clase. Leía los autores que aparecían en mis libros, libros de texto cuyas últimas lecciones, a las que nunca llegábamos, eran leídas con verdadera sed. Un día, haciendo esa trampa, se me ampliaron los límites de lo posible. Una lección que nunca estudiaríamos hablaba de los Novísimos. Eran apenas unas líneas. Lo más curioso, e improbable, es que en la biblioteca del instituto —tremendamente pobre en aquel momento— se encontraba un ejemplar de la antología de Castellet.

Leyéndola sucedieron dos cosas: a) el prólogo. Habiendo leído poesía, nunca antes había leído sobre poesía, lo que me resultó sumamente fascinante y tan importante como leer o escribir poesía. Y b) los autores novísimos, en sí y por sí mismos. Que, para mí, en aquel momento, supusieron una explosión por fin cercana, próxima en el tiempo a mí. Al cabo, eran autores de los 60 y de los 70, aquella década prodigiosa, aquel pequeño y perdido y añorado siglo XVIII del siglo XX. En aquella antología descubrí a un poeta que me fascinó desde el primer instante: Gimferrer, que, en aquel momento, si bien yo no lo sabía, ya no escribía en castellano. Compré su obra en castellano y llegué a aprenderme su *Arde el mar* —de una musicalidad no solo asentada en las palabras, sino en las imágenes, netamente visuales, cinematográficas, una serie que desconocía profundamente en aquellos tiempos, como todo— poco menos que de memoria. Ana María Moix, una poeta fabulosa, original, con una lógica muy propia, una bofetada en el alma —de la que tengo también sus primeras ediciones, que es lo más que un lector puede hacer por un autor—, en aquel momento, incomprensiblemente, no me fascinó. A partir de aquel grupo de poetas, es decir, de aquella generación dispersa, pop, internacional, alejada de todo contexto local y que, en cierta manera, había roto con la tradición nativa, mi horizonte se abrió hacia otros poetas. En unas ocasiones eran compañeros de viaje, coetáneos, como Ignacio Prat. Y, en otras, poetas previos, fetiches que los

Novísimos solían reivindicar y que, al parecer —la sensación es esa hoy— han sido ya olvidados, han desaparecido —otra vez aparece en estas líneas el elefante en la habitación, la muerte del Humanismo—, como Lezama Lima y Ezra Pound. Recuerdo que leí a Pound, leyendo más diccionario *Collins* que Pound, en mi primer viaje a UK, adonde fui a estudiar inglés en la peor y más asequible academia del mundo, en la que aprendí, de hecho, a hablar italiano. En aquel viaje descubrí la música *house* (durante el thatcherismo, las *raves house*, celebradas en fábricas abandonadas de otros cinturones igualmente abandonados, eran ilegales, lo que las hacía más atractivas y significativas; era la belleza como propuesta, lo que me tiraba mucho; era más divertido, en fin, el neoliberalismo cuando lo hacía quien lo debía hacer, que no cuando lo hacía la izquierda). En aquellas fiestas inauditas viví una experiencia no alejada de la experiencia poética o, ahora que lo pienso, no alejada de la mismísima juventud, que, en ocasiones, se confunde con la experiencia poética, como les explicaré un poco más abajo. Pero, antes les hablaré de mi experiencia lectora de Gimferrer.

GIMFERRER. Gimferrer, de hecho, fue una guía. O un guía. No sé cual es el artículo adecuado para explicarlo. Nunca entré mucho en su poesía en catalán, pero sí en su prosa en catalán. De hecho, me resultaron determinantes los volúmenes que conforman su *Dietari*, un compendio de pequeños artículos aparecidos en prensa que conformaban un itinerario por la alta literatura mundial. Los devoré. Me recuerdo a mi mismo pasando horas en la biblioteca de la facultad, intentando, en un mundo sin Google, averiguar trayectorias, obras, autores, asuntos que los artículos de Gimferrer planteaban. A través de ellos y de mis estudios universitarios y de la relación de unas lecturas con otras, que me llevaron a nuevas lecturas y nuevos autores, creo que me doté, a lo largo de años intensos, de la génesis de grandes y transitados itinerarios de lectura. Y, con ellos, de una cultura efectiva, del conocimiento y de la experiencia lectora solvente y suficiente que, tal vez, podían facilitar que algún día fuera escritor. Un escritor, al cabo, no es más que una persona que tan solo quiere —no quiere, debe, siente esa pulsión— escribir lo que ha leído. Un escritor no es más que un imitador que no puede dejar de serlo. Gimferrer, esa ventana, fue determinante para mí. Hice trabajos sobre su obra poética en la universidad. Un día, para mi veintipocos cumple —no lo recuerdo—, mi madre hizo una comida I+D lo más apañada que pudo. En mitad de la comida, alguien llamó por teléfono. Contestó mi padre. Se acercó hacia mí y me dijo, un tanto asustado: «Es un señor que dice que se llama Pere Gimferrer». Inicié, en ese momento, una de las famosas y legendarias conversaciones telefónicas de varias horas con Gimferrer, que tuvo la amabilidad de practicarme un Aleixandre, de tener paciencia, de transmitir algo. En mi caso, la sensación de que todo era posible, de que, a pesar del punto y el momento de tu nacimiento, el mundo siempre era más grande de lo calculado.

Mis padres, claro, no conocían a ese hombre, pero me sorprendió el respeto con el que me aguardaron para seguir comiendo después el trabajo de mi madre. De alguna manera, por mi rostro, sabían que aquella llamada era importante para mí. Les recuerdo mirándome, sin comprender nada, y copados por el cariño que supone no comprender a un hijo pero admitirle todo. El buenismo, como su nombre indica, es mucho mejor que el malismo. De hecho, lo comprendo ahora, yo vengo del buenismo. De la confianza absoluta y de la libertad que esa confianza crea. La universidad, la formación universitaria —hasta cierto punto, un imprevisto en mi vida, si bien, de no haberse producido, mi vida hubiera sido otra, más pequeña— también supuso una explosión de conocimiento y de experiencia literaria. Gracias a una universidad pública y barata, hoy inexistente, conocí, tuve acceso a los clásicos —un clásico llama a otro y a otro y a otro—, de manera que fui dulcemente conducido a imprevistos como Brodsky o Pizarnik, y a una gran fratría de poetas con esas afinidades electivas que da la frecuencia, la vivencia incluso, de los clásicos, de lo verdaderamente importante. Aprender es, tal vez, simplemente aprender a ponderar, a evaluar lo importante y a distinguirlo de lo anecdótico. Es decir, aprender es leer a los clásicos. Tan solo eso.

LA POESÍA. LA JUVENTUD. Recuerdo que, una vez, en el instituto, hicimos un encuentro de personas que escribíamos poemas. Éramos cuatro gatos y, entre ellos, una chica que conocía desde que éramos pequeños. Llevaba eternamente un aparatoso aparato de metal para enderezar su espalda y, siempre silenciosa, nunca jamás la había escuchado hablar, más allá de algún monosílabo. Me pregunto, en este preciso instante, qué habrá sido de ella. El caso es que, cuando llegó su turno y leyó sus poemas, me quedé impresionado por su calidad y por su amplitud, por supuesto muy superior a la mía. Esa —¿niña?, ¿joven?, ¿mujer?— llevaba, por fuerza, años escribiendo más que otros —¿niños?, ¿jóvenes?, ¿hombres?— que estábamos ahí reunidos. Y había llegado hasta un punto importante y profundo del lenguaje, en el que el lenguaje dejaba de serlo para pasar a ser un objeto más poderoso que sí mismo, diáfano. Pues bien, escribo todo esto para establecer qué es la poesía. Es una intensificación del lenguaje que conduce hacia otro sitio, un sitio al rojo vivo, imprevisto e importante, en el que las cosas suceden con mayor realidad. O, tal vez, tan solo suceden. Incluso la acción, no sé, de abrir una puerta, de atravesar un pasillo, de acceder a una silla, es más real, certera, vívida en la poesía que en la narración. Por eso mismo, todo este cúmulo de sensaciones es algo propio de la juventud, cuando todo sucede por primera vez, incluido el lenguaje. No todo lo vivido por primera vez es poesía o es poético. Pero la poesía aporta una lógica, un acceso en el que insertar lo vivido y, ya puestos, lo leído, ese otro tipo de vivencias, especialmente funcional y explosivo en la primera y segunda juventud. Esa mecánica, ese vivir en torno de la experiencia del lenguaje, puede prolongarse toda la vida. De hecho, se prolonga toda la vida, una vez una persona ha sido iniciada a ello. Yo, por ejemplo, sigo viviendo esa experiencia. De repente me copa una imagen o una construcción de palabras que ocupa mi cabeza por días. La debo atender, la debo dotar de solución, y la debo escribir, cosa que finalmente hago y plasmo en un artículo o en otro tipo de texto. Pero, siendo una experiencia poética lo vivido, ya no es propiamente poesía, no está al servicio de ella. Por eso mismo, la poesía —al menos en mi caso, no sé nada de la chica que leyó sus poemas magníficos en el instituto— ha sido un paréntesis hondo, abisal en ocasiones. Un periodo en el que el lenguaje no solo era nuevo —lo sigue siendo; de hecho, en mi trabajo debo velar por la juventud del lenguaje; por no envejecerlo, desgastarlo, quemar su significado—, sino que creaba una tensión innegociable y poderosa, que solo se producía en el cultivo de la poesía. Alberti, en el trance de hablar del proceso creativo de *Sobre los ángeles* —sin duda un libro completo, cerrado, autónomo—, hablaba de «enfebrecimiento», de una suerte de fiebre, de trance, que le copaba en el momento de escribirlo, que le impedía dejar de escribirlo, que le dictaba. Alberti, al hablar de ello, no solo habla de un acceso —hay otros, por supuesto— a la poesía, sino que habla, desde luego, de la juventud, de su relación con el lenguaje a través de la poesía. De aquello que la chica del instituto y yo vivíamos enfebrecidos, aquello que nos conducía, con mayor o menor éxito y logro, a la experiencia de la poesía, esa alta turbación. La poesía era algo poderoso y autónomo, era algo en lo que solo sucedía ella misma. Como las primeras *raves* de *house*. Si bien diferentes, transcurrían en la misma región del conocimiento. Un punto emocionante del conocimiento, una herida abierta, dulce y receptora de sentidos, que solo aludía a lo cierto.

LO CIERTO. Y ese es el proceso que me condujo a escribir lo que el lector tiene entre las manos. Un enfebrecimiento. Trabajaba, estudiaba, tenía la vida —por lo común, atlética y dada a la desmesura de la fuerza— propia de mi edad, que me convertía, como a cualquier joven, en un inmortal. Dormía muy poco. Lo que alargaba aún más el día. En mis tiempos universitarios, que es cuando escribí todo esto, en mi habitación —no había ordenadores por entonces; el primero al que tuve acceso fue en la Facultad de Ciencias políticas en 1990: no me lo podía creer—, tenía siempre dos máquinas de escribir cutres, siempre cargadas de trabajos en su proceso de redactado (eran trabajos largos, de unos veinte folios; grandes desafíos intelectuales repletos de notas y bibliografía, algo que desapareció con el Plan Bolonia/otra vez la muerte de las Humanidades). Y una tercera máquina —una Underwood que se encontró mi padre— en la que, cuando acababa de trabajar, de escribir trabajos de investigación, siempre de madrugada, empezaba a transcribir

29

mis poemas, escritos previamente a mano, tachados, co-
rregidos, repletos de flechas y de sobrescritos. Lo hacía
durante media hora, una hora a lo sumo, pues la ener-
gía no daba para más. Era un momento de felicidad.
Pero, más aún, de enfebrecimiento albertiniano. De
independencia absoluta del lenguaje. De lenguaje por
y para sí mismo. Y esa experiencia acariciaba mi alma.
En el libro que tiene en sus manos está el residuo seco de
esa experiencia. Se lo explico brevemente. Se trata de un
gran culto a la acción. Describir las acciones que las per-
sonas practicaban —y que no tenían por qué ser épicas o
resonantes— me emocionaba. Lo encontraba ambiguo,
profundo, plurisignificante. Me emocionaban las épocas
pasadas. Con tanta intensidad que esa emoción y utili-
zación del pasado ya no era, creo, el *camp* de los 70 y de
los Novísimos, sino algo más para acá y más descomunal:
el *postmodern*, el abandono del futuro como referente de
una modernidad que se había embozado de sí misma. Era
muy sensible al ritmo y a la repetición —la repetición es
el uso poético más antiguo y más efectivo; mi vida como
periodista me ha llevado a las Quimbambas, donde siem-
pre he visto lo mismo: pueblos antiguos practicando la
poesía a través de la repetición. De manera que el ritmo,
la repetición y el primo de todo ello, el encabalgamien-
to, sustituían, elidían la puntuación, que se producía por
esos otros mecanismos. El cine y la serie literaria, su uti-
lización, su reutilización, su recauchutado, a través, en
ocasiones, de citas no entrecomilladas, era un recurso

muy querido. También me gustaba extrapolar las mitologías personales, con un gran significado para mí, tales como la aviación, los aviones, esas máquinas asombrosas del siglo XX, poéticas por sí mismas, más aún cuando son máquinas primitivas, precarias, mortales, como nosotros. Lo verán en breve. Pero, dicho todo esto, ¿qué es lo que escribía? ¿Dónde se ubicaba? ¿En qué serie? ¿Era serio?

LOS 80. TERCER INTENTO. No se ubicaba en ninguna parte, para lo que es necesario explicar las partes. En los 80 se vertebra la cultura democrática española. Como la reconversión industrial, de manera rápida y aún con menos conflictos y altercados. Lo que habla de la existencia de, en efecto, una reconversión cultural, de algo parecido a la desindustrialización aplicado a la cultura (¿una desculturalización?). Desde luego, y respecto de los 70, esa década de ruptura cultural, lo fue. Esa reconversión, como su nombre indica, se hizo, mayormente, desde el Estado. Y desde algo relativamente nuevo, no muy alejado en sus prioridades, necesidades y puntos de vista de los planteamientos del Estado. Un socio: el mercado, un mercado de la opinión y el gusto, de la cultura, por primera vez modulado por un solo y novedoso medio, *El País*. En general, fue una reconversión cultural violenta y repleta de cadáveres, como es habitual en las reconversiones. La poesía, todo un género, fue la muerte más espectacular. No cada día muere un género. Esto que he dicho aquí tan ricamente merece un inciso, ahora que lo pienso.

INCISO. Sí, lo que he dicho suena descomunal. Tanto que deberé matizarlo. La poesía no murió. No puede morir. Puede morir la poesía trovadoresca, la cortesana, la de abanico. Y eso es lo que está pasando. Están muriendo, parece, muchas poesías, muchos de sus accesos, en tanto está cambiando la recepción poética que existía, al menos, desde el XIX. Los recitales de poesía tal vez sean un indicio de todo ello. Suponen algo novedoso y exótico, un éxito puntual, en los 70, que empezó a proliferar en los 80 y que ha creado un tipo de autor, de obra y de público, para una gran parte del cual esos actos son hoy su punto de recepción de la experiencia poética. Es decir, que esa experiencia ya no es la lectura. Se trata de objetos cercanos en su estética al concierto o al teatro, lo que determina, por fuerza, la forma y el sentido poético. Su función, incluso. Su *tempo*. Incluso determina su información, su crítica, su valoración. Los recitales explican ese cambio en la recepción de una poesía que pasa a ser una emisión directa del autor, sin intermediarios, que se convierte así en el vocero de su obra. Como, de alguna manera u otra, sucede en cada vez más géneros, desde hace décadas, de manera que los autores que no se vocean a sí mismos — por ejemplo, los autores muertos— suelen desaparecer. Todo ello no es malo ni es bueno. Si usted escribe poesía, debe saber que la idea de género, de autor, de arte, va cambiando, es histórica, de manera que la experiencia poética, como la experiencia de conducción de vehículos, ni es constante ni es siempre la misma. Si usted escribe poesía, debe saber, en fin, que vive en el siglo XXI, un siglo por describir, porque todo está cambiando, de manera que, para ahorrar incisos como estos, uno puede decir que tal cosa ha muerto. Y, en la emisión y recepción poética han muerto muchas cosas. Salvo una: la voluntad de un autor joven por formarse y por lanzarse de lleno, sin poderlo evitar, a la experiencia poética. Pero, por ahora y en todo caso, les ruego, síganme la corriente, crean, por unos minutos, hasta el fin de este prólogo, que la poesía, como género —como emisión y recepción, como en su día el ditirambo o el Auto Sacramental—, no como experiencia, murió. Si me siguen momentáneamente en esa idea, es preciso precisar que fue el único cadáver que no fue una obra estricta del Estado y de su socio. Fin del inciso.

LOS 80. INTENTO DECIMONONO. Sí, esos dos monstruos hicieron todo lo posible por encarrilar la poesía, para modificar su cauce de manera que circulara más cerca de la estética de la denominada poesía de la experiencia, que no de la denominada poesía social. Ese combate entre escuelas poéticas —breve, rápido, perceptible, amañado— fue, por cierto, uno de los pocos combates culturales que trascendieron en aquel momento y en aquella balsa de aceite denominada España. Pero la muerte del género poético ya estaba cantada mucho antes y en todo el planeta. Por una ruptura cultural —supongo que consecuencia de 1968, como todo— que dejó a la poesía paulatinamente sin lectores, debido a la asunción de funciones o posibilidades de la poesía por parte de otro fenómeno más reciente, eléctrico y democrático —al punto de no precisar formación para practicarlo—: el pop. En todo caso, en los 80, como hoy, los principales lectores de poesía ya eran los poetas. Los poetas, los volúmenes que un poeta adquiría para enviar por correo su propio libro al *staff* de poetas españoles, o al menos, a los de su cuerda, justificaban las ediciones. Lo que habla ya de ediciones cortas y endebles, irrelevantes. De una suerte de ruptura en la difusión del género, esa cosa que precisa cualquier tipo de género —el género poético o el textil— para existir. Las dinámicas que establecían el canon poético en los 70 —principalmente dos: a) el prestigio de incorporarse al catálogo de una gran editorial de poesía, como El Bardo, Visor, Hiperión; b) la incorporación a una antología poética, como la aludida de los *Novísimos* de Castellet— desaparecieron, perdieron pie, con la aludida desaparición de lectores y con cierto abuso, hasta la caricatura, del género de la antología, que desactivó sus posibilidades. La vertebración del canon —o algo parecido, el establecimiento del tu-sí-tú-no— se hacía a través de otros medios, novedosos, nunca vistos en su importancia. Como el premio. El Estado se reservaba primar su gusto y sus necesidades políticas y culturales a través del Premio Nacional. Y el mercado hizo de todo con sus premios, incluso premios a autores en verdad fabulosos, a través de premios como el Loewe, el Adonáis o el Hiperión. El premio, en todo caso, ya no organizaba, ya no creaba mapas, sino que posicionaba, daba importancia, creaba autores sin lectores. Lo que no deja de ser curioso. También el mercado posicionaba autores, por sí mismo, a través de la aparición de autores en la televisión, y la aparición, la cita, la fotografía, la reseña en *El País*, el diario-fenómeno, un diario con una influencia sobre su público sin parangón en la historia española y sin comparación posible en la prensa europea de aquel momento, sin duda más amplia y de mayor calidad. Si uno se fija, esas formas de promoción —apariciones rápidas e inconexas en televisión, en diarios— son propias de otra serie cultural: el pop, otra vez. De hecho, en este momento, el Estado, y con él, y en la misma lógica y en segundo término, el mercado, participan en la creación del canon en todas las series culturales españolas. Con ello crea la cultura democrática española. Algo que debía crear adhesión a un proyecto político, colaborar en la obtención de cohesión social y, en ese trance, optar por la desproblematización, por no crear ni plantear problemas. Lo creado es, de hecho, una cultura nacional del no-problema. Se trata de una cultura positiva que, por lo mismo, se parece sobremanera a la gran cultura del siglo XX especializada en crear mensajes positivos: el pop, nuevamente. El resultado es que la alta cultura, la más alta cultura española, en fin, no estaba tan lejos de los presupuestos positivos del pop. Esto es, de la Movida. Y la Movida, en fin, se comió, tal vez con toda la razón del mundo, al eslabón más débil de la cultura española: la poesía. O, al menos, a lo que podía haber sido su público. Además, la Movida ofrecía lo mismo que la poesía oficial —sensaciones, cohesión social, desproblematización, adhesión absoluta a un proyecto político sin crítica alguna—, si bien con menos gasto para el Estado. El pop, en fin, era más barato. Se autofinanciaba en buena parte, llegados a un punto. Y venía a decir lo mismo. Poco, nada. Es curioso que el pop, uno de los elementos liberadores y operativos que, de alguna manera, introdujeron los Novísimos, y que yo y mi generación utilizamos con profusión y naturalidad, nos haya conducido a este Apocalipsis Caníbal Pop que intuyo y que les he descrito. Los itinerarios de la cultura, en fin, son una pescadilla que se muerde la cola, ese objeto, nos pongamos como nos pongamos, imposible de describir.

EL COMBATE. SU DESERCIÓN. Por todo ello, en el momento en que fueron escritos estos poemas, no hubo, a través de ellos, combate, inserción, exclusión, aprecio, desprecio o, incluso, la más mínima existencia. Lo que no provocó amargura y resentimiento alguno, debo confesar, pues tampoco hubo un gran interés en ello. Además, cabe señalar la existencia de cierta patología personal: nunca me ha gustado ser el gran valedor de mi obra. De hecho, no he velado mucho por ella, ni a estas alturas del partido suelo comportarme o hablar como un autor debe comportarse o hablar para ser reconocido como tal. Evité los círculos poéticos en su día, por lo mismo que luego evité los círculos literarios, incluso los círculos periodísticos. Lo que, por cierto, considero que me facilitó observar y estudiar la cultura española con mayor libertad y desparpajo. Lo que el lector tiene en sus manos son, así ,una serie de poemas que no encajan con las tendencias —la experiencia, el compromiso, la erótica, tal vez el culturalismo, si lo hubo— de aquel momento y, mucho menos, con las funciones que se requerían a la poesía, a cualquier objeto cultural, para ser reconocido como tal. Lo que, a su vez, no habla ni bien ni mal de estos poemas. Sin su concurso en concursos, sin una actitud determinada por parte del autor, sin voluntad de aparecer en los medios confirmando esa actitud, sin colaboración, pasiva o activa, en el proyecto político, en la cohesión social, en la desproblematización de la cultura, era imposible que los textos existieran. Por supuesto, todo este razonamiento cultural, toda esa teoría cultural sobre los 80 que les he explicado, era desconocida para mí en aquel momento. Por lo demás, me tiraba para atrás participar en las dinámicas de la poesía en castellano que conocía. O las de la poesía en catalán, sumamente iguales. La peregrinación por concursos, la correspondencia y el intercambio de obra con otros autores, la socialización, la espera de mi turno, la reducción de un género a su hecho social, a su hecho político. Había y detecté, por supuesto, francotiradores, personas que evitaban esas situaciones y tenían un gran compromiso con su obra, muy original (conocí a muchos y sexis: Micó, Benítez Reyes. Sean francotiradores: es mi único consejo a jóvenes poetas y a comandos). En todo caso, la imposibilidad de publicar mis poemas, que consideré una obviedad, no una crueldad del destino, me ayudó a leer, comprender la época y, muy importante, no me limitó en absoluto la posibilidad de acceder a la experiencia poética. Accedí a ella de pleno y en profundidad. Me cambió. Y transporto sobre mis espaldas tanto esa experiencia como sus consecuencias. Será divertido —me temo que no hay otro argumento, no hay punto en el que estos poemas puedan insertarse; no hay género, les invitaba a sospechar, sino hombres y mujeres inmersos en la experiencia poética— ver si esa experiencia existe en otros lectores, como por ejemplo usted. Por lo que, ante esa hipotética posibilidad, les presento a lo que asisten, esa experiencia.

LA EXPERIENCIA. Lo que el lector tiene en las manos arranca con mi mejor trabajo poético: *Las palabras que inmortalizaron a la malograda Escuadrilla La Fayette*. Fue editado, en edición no venal, por mi primer editor, el hoy desaparecido Claudio López de Lamadrid, que decidió que mi primer libro —*Grandes Hits*, Mondadori, Barcelona, 1999— fuera acompañado por este libro de poesía, en volumen aparte. Un regalo que, en efecto, lo fue. Le sigue *La canción del Blade Runner*, en su día —en el año 2000— publicado por mí, con un breve prólogo de Pere Gimferrer, del que esta edición reproduce su último párrafo en la cubierta del volumen. Fue también una edición no venal, impresa en Daverio, Varese, por un gran tipógrafo y persona: Manuel

Florensa Molist. En tercer lugar, va *Los hombres y las mujeres y los monstruos*, libro hasta ahora inédito. Los tres libros de esta edición han sido cuidados por Mónica Andrade, Lu Miquel e Ignacio Echevarría, un lujo perceptible. Espero que todo ello les aporte algo, como en su día todo ello me lo aportó a mí, y que aquí he intentado explicar, si no evocar. Al evocarlo en este prólogo, por cierto, he descubierto algo que había olvidado y que nunca había valorado en su propia desmesura: el carácter salvaje, despiadado, cruel, brutal de los años 80, esa década en la que se acabó con la industria, con sus trabajadores y, literalmente, a través de la heroína, con parte de sus hijos, concretamente con aquellos más frágiles. He buscado otras palabras para describir lo sucedido, y en verdad no las he encontrado. De manera pareja a esa reconversión industrial sin piedad alguna, a ese abandono de la sociedad, se transformó la cultura española, que dejó de ser aquella cultura feroz, divertida, gamberra, peligrosa, libre, de los años 70, para pasar a ser algo inofensivo y al servicio de un proyecto político que precisaba adhesión y apoyo constante, aunque fuera de manera implícita. A ese proyecto político se le podría llamar Democracia, pero, más y mejor, podría llamarse Reconversión, ahora que lo pienso. Si en ese trance se acabó con un género literario, la poesía —guiño, guiño—, es que en ese mismo periodo hubo que acabar, por fuerza, con cosas aún más grandes, importantes, vivas y que respiraban.

Vale.

Las palabras que inmortalizaron a la malograda Escuadrilla La Fayette

La Escadrille Américaine, más tarde Escadrille La Fayette (oficialmente Spa. N.12), de voluntarios norteamericanos bajo bandera francesa y con mandos también franceses, se formó el 18 de abril de 1916. Sus componentes procedían de los lugares y estratos más diversos que entonces se podía imaginar: estudiantes sorprendidos en Europa por la guerra, artistas de circo en paro, marineros sin contrato, mecánicos con espíritu aventurero... Unos se habían alistado en la Légion Étrangère al empezar el conflicto, y otros se habían enrolado como conductores de ambulancia. Durante dos años, la cabeza de indio seminola que eligieron como emblema lució en el fuselaje de sus Nieuport y Spad junto a la escarapela francesa.

Con la entrada de Estados Unidos en la Guerra de Europa, la escuadrilla se reorganizó dentro de la American Expeditionary Force como el 103rd Aerean Squadron, que permaneció en activo hasta el armisticio. Apenas si quedaban miembros en activo del grupo original, pero la leyenda de sus jóvenes voluntarios no había hecho más que empezar. Durante toda la primera mitad del siglo, allí donde la Libertad luchaba desesperadamente contra un poder más fuerte, el recuerdo de la Escadrille La Fayette servía de banderín de enganche para los jóvenes más idealistas y entusiastas, que llegarían de todo el mundo. Fue tras sus pasos como nacieron los Cheenaut's Tigers de China, en la guerra que esta mantuvo con Japón; las escuadrilla suecas y norteamericanas en la Guerra Ruso-Finlandesa, o, sobre todo, la Escuadrilla España, comandada por André Malraux, en la Guerra Civil. Ninguno de aquellos primeros voluntarios imaginó aquella primavera de 1916 que su ejemplo iba a perdurar, para siempre, en el recuerdo de todos los hombres libres.

No sé si era exactamente esto lo que usted me pedía en sus cartas. Fuera como fuere, vuelvo a decirle que me ha extrañado muchísimo su insistencia en que le relatara toda esa historia, pues me cuesta creer que hoy pueda importarle a nadie.

Stuart L. Beauford
Skid Row Salvation
Army Miss.
New York City

«Un poeta es un novelista perezoso».

W.S. Burroughs

HABLE O NO HABLE, O'ROURCKE SIEMPRE MUESTRA
A SU INTERLOCUTOR O A NADIE SU MEDIA SONRISA.

O'Rourcke O'Rourcke gran oficial ingenio
brillante expediente afilado que tendrá
un oscuro y triste final nunca aclarado
los muchachos le preferían a cualquier
otro aunque no sepan para qué
un día un novato le habló del miedo
¿el miedo? ¿el miedo? dijo O'Rourcke
su diente de oro sonrió y prosiguió
jamás fue tan siniestro el azul
de Prusia un día fumaré mi último cigarrillo
y moriré

PRIMER DÍA EN PARÍS DE LA ESCUADRILLA LA FAYETTE

La escuadrilla sale y no sale de su
asombro oh Europa oh Europa se fotografían
junto a la torre Eiffel o la torre Saint
Jacques vayan a saber un día en un café
conocen al marqués de Bich inventor años
después del famoso bolígrafo homónimo
entran a los locales y vociferan vin rouge
vin rouge o one more martini

AMANECE Y LOS MUCHACHOS DE LA LA FAYETTE SE ASEAN. ALGUNOS CANTAN LO QUE ELLOS LLAMAN «EL HIMNO DE POR LA MAÑANA», QUE DICE ASÍ:

Creo que amanece y creo que el mundo
sigue siendo tan real como siempre o
al menos me cepillo los dientes tú dices
que el mundo es redondo pero alguien murió
y estuvo tres días entre nosotros hasta
que no lo supo era duro tener que bromear con él
je je tú dices que el mundo no existe
déjame entonces cinco dólares cinco ja ja

W. BARNES COMPONE UNA CURIOSA CANCIÓN.
EN OCASIONES LA CANTA TODA LA ESCUADRILLA.
BARNES ES, HOY POR HOY, EL HOMBRE MÁS POPU-
LAR DE LA LA FAYETTE. TODOS TEMEN EN SILEN-
CIO SU MUERTE, PUES SIEMPRE MUEREN PRIMERO
LOS MEJORES O, AL MENOS, ESO SE DICE.

Barnes ha compuesto una curiosa canción
la canta cuando se encaja las gafas y el
mecánico alza el pulgar antes de accionar
la hélice se titula anarchy in the U.K.
a veces el sargento Beauford se sorprende
a sí mismo tarareándola anarchy in the U.K.
anarchy in the U.K.

UN DÍA TONTO EN LA VIDA DE RICKENBACKER,
SIN DUDA LA HOJA DE SERVICIOS MÁS BRILLANTE
DE TODA LA ESCUADRILLA LA FAYETTE.

Rickenbacker sin duda el as de
la escuadrilla volaba en su aparato
y vio la muerte en un ala echó
otro vistazo y no vio nada volvió
a mirar y allí estaba estudiando
el fuselaje no volvió a girarse
y tragó baba

LA ESCUADRILLA EMPIEZA A RELACIONARSE CON LA POBLACIÓN CIVIL. ALGUNOS LLEGAN TARDE A LA FORMACIÓN DE LA MAÑANA. SUS COMPAÑEROS DE FILA DICEN PRESENTE, EN FRANCÉS, EN LUGAR DE ELLOS.

Qué demonios vieron ellas en los
hombres de la escuadrilla ni siquiera
hablaban la misma lengua ellas se reían
cuando ellos decían tonterías en algo
que se parecía al francés aquel
duro invierno qué demonios vieron
ellas se enamoraron de los hombres de la
escuadrilla algunas compraron plastilina
para tapar las grietas de las ventanas
y ellos los hombres de la escuadrilla
les llevaban chocolatinas que robaban
al sargento Beauford un buen hombre

LA MUERTE DEL SIEMPRE DISCRETO O'ROURCKE

Es un pequeño milagro el hecho de que
O'Rourcke aún conserve la vida aunque
sólo sea para morir en este triste triste
agujero es en ese último momento cuando
el oficial desabrocha su guerrera y en su
vientre aparece un tatuaje es una mujer
O'Rourcke la observará bailar sobre su
vientre O'Rourcke el que murió como vivió y nadie
nadie lo supo

LOS SUCESOS EXTRAÑOS Y EXTRAORDINARIOS
VAN A MÁS. RICKENBACKER, DERRIBADO POR
CUARTA VEZ, LLEGA A OSCURAS A UNA REUNIÓN
EN UNA COLINA. SE TRATA DE LA NOCHE DE WAL-
PURGIS. RICKENBACKER YA SE LO TOMA A RISA.

Qué hace él se dice a sí mismo
compartiendo la petaca de cognac
con un macho cabrío que se empeña
en revelarle su futuro decididamente
nadie le volverá a creer y con razón
Rickenbacker sigue bebiendo

EL SARGENTO BEAUFORD IMPROVISA UNA FIESTA
SORPRESA EN EL HANGAR, PERO LOS MUCHACHOS DE
LA ESCUADRILLA SE VAN A LA CIUDAD A VER MUJERES.

El sargento Beauford parece alegre como
un payaso pero en realidad es triste
como un payaso

MUERTE TONTA DEL JOVEN LOUIS MCNAMARA EN
SU PRIMER VUELO.

Algo se ríe de los hombres y de los niños es
algo que no queda atrás si no adelante pues
tras los primeros instantes de la muerte sigue
ahí riendo

NUEVA PROEZA DEL GRAN RICKENBACKER. GRAN ASOMBRO EN LA ESCUADRILLA.

Hace tres horas que debería haberse
acabado el combustible del gran Rickenbacker
pero es el aparato del gran Rickenbacker lo
que se ve venir por el horizonte
la escuadrilla rodea en silencio al
gran Rickenbacker su rostro resplandece

PRIMAVERA DE 1916. ASOMBROSO Y ESTREMECEDOR
ALTO EL FUEGO ENTRE DIEZ APARATOS ALEMANES Y
OCHO APARATOS DE LA ESCUADRILLA LA FAYETTE.

De pronto el barón de Munchausen
cruza el firmamento sentado en una
bala de cañón el combate se detiene
y los dieciocho biplanos escoltan
hacia el infinito al sonriente barón
Walker tejano lanza gritos
de vaquero los aparatos alemanes
hacen pequeñas acrobacias nadie sabe
lo que sucede o lo que no sucede

RICKENBACKER CAE —¿ES LA CUARTA VEZ?— ENVUELTO EN LLAMAS. NO SUFRE NI UN RASGUÑO. POSIBLE EXPLICACIÓN QUE SE DA A SÍ MISMO ANTES DE PASAR A PENSAR EN OTRA COSA.

Hace años Rickenbacker se jugó la vida
a la carta más alta y ganó alguien le
debe una vida

ESTADOS UNIDOS ENTRA EN EL CONFLICTO. EN UN CAFÉ DE PARÍS DOS MIEMBROS DE LA ESCUADRILLA VEN A LOS PRIMEROS CONTINGENTES NORTEAMERI-CANOS. SE TRATA DE TRES MARINEROS QUE CANTAN Y BAILAN UNA CANCIÓN PEGADIZA. AÑOS DESPUÉS, UN MIEMBRO DE LA ESCUADRILLA LA PLAGIARÁ Y LA INTRODUCIRÁ EN UN FILM MUSICAL DEL CUAL SERÁ DIRECTOR ADJUNTO. LA VIDA DA MUCHAS VUELTAS.

Tres marineros cantan una canción
que empieza New York New York
wonderful town son tan jóvenes son
tan jóvenes morirán o no

RECRUDECIMIENTO DE LA GUERRA EN TODOS SUS
FRENTES. LAS BAJAS DE LA ESCUADRILLA EMPIEZAN
A SER CONSIDERABLES. DURANTE LAS NOCHES LOS
PILOTOS QUE NO DUERMEN PUEDEN ESCUCHAR, SI
NO HAY BOMBARDEO, UN EXTRAÑO SILENCIO.

Todos los hombres de la escuadrilla tienen
un amigo muerto todos los muertos de la
escuadrilla tienen un amigo vivo en ocasiones
el amigo muerto vuela con el amigo vivo
y le dice cosas como aparato enemigo a las
seis pero el amigo obviamente no lo oye

MISIÓN ESPECIAL EN GRECIA. DÉCIMO DERRIBO DE
RICKENBACKER. VAYA CON RICKENBACKER.

Rickenbacker cuesta más a la Entente
que un hijo tonto ya lleva diez aparatos
je je esta vez cuando está a punto de
desfallecer ve al fantasma de lord Byron
buscando piedras planas para sin duda
limpiarse el ojete cuando recupera el
conocimiento hay un pope delante de
su cama a Rickenbacker le viene la risa

BARNES PADRE DE UN NIÑO. LA MADRE, LOCA-LOQUITA POR BARNES, SÓLO HABLA FRANCÉS. POR OTRA PARTE BAKER, UN PILOTO COMPETENTE, SE CONFIRMA COMO LO MÁS OPUESTO AL LUMINOSO BARNES.

Barnes más que sonreír a todo el mundo
sonríe al mundo entero y todo el mundo
toda la escuadrilla al menos canta es
un muchacho excelente es un muchacho
excelente que va a dar a la mar que es
el morir esto último por supuesto lo ha
dicho Baker que ahora sale del habitáculo
vaya con Baker dice todo el mundo

RICKENBACKER, NUEVAMENTE DERRIBADO, PRE-
GUNTA POR SU PARADERO A UN CAMPESINO, QUE
RESULTA NO SER OTRO QUE EL POBRE Y DESGRA-
CIADO CAZADOR DE GRACCHUS.

El campesino tranquilo le contesta
señor yo sólo soy el pobre cazador
de Gracchus Rickenbacker por supuesto
no ha oído hablar nunca jamás de ese
asunto aun así comparten un cigarrillo

CUMPLEAÑOS DEL SARGENTO BEAUFORD. EL SAR-
GENTO BEAUFORD ORGANIZA POR ESE MOTIVO UNA
FIESTA EN EL HANGAR. PERO LOS MUCHACHOS NO SE
PRESENTAN. HAN IDO A LA CIUDAD, A VER MUJERES.

Solo ante una tarta tosca el sargento
canta soy un desgraciado y
siempre lo seré
y siempre lo seré

TERRIBLE ENCUENTRO EN LAS ALTURAS.

Rickenbacker y Manfred von Richthofen
se encuentran frente a frente y
ninguno dispara

LA GUERRA EVOLUCIONA UNOS DÍAS PARA BIEN Y
OTROS DÍAS PARA MAL. RICKENBACKER CONOCE A
UNA MUJER CURIOSA. SE HACEN NOVIOS.

Marie joven activista hubiera sido
una pieza clave en la victoria años
después del llamado Frente Popular en
su quartier pero la pobre Marie murió
extrañamente en mil novecientos dieciocho

J. SMITH SEDUCE AL PRIMER INTENTO A LA MUJER
MÁS CODICIADA DE LA NUEVA CIUDAD ASIGNADA
A LA ESCUADRILLA COMO NUEVO DESTINO.

La mujer sabe que el hombre viene
del bosque que sus manos son grandes
o pequeñas que su vida corta que su perfume
extraño sabe que el hombre conoce extraños
nombres de herramientas que sobre su hombro
lleva la muerte aunque él crea que lleva
un loro

EL ÚLTIMO O EL PENÚLTIMO CIGARRILLO. ALGU-
NOS MUCHACHOS DE LA LA FAYETTE CANTAN LO
QUE HAN DADO EN TITULAR «EL HIMNO DE POR
LA NOCHE», QUE DICE ASÍ:

Alguien ganó una apuesta alguien la perdió
alguien murió al otro extremo del mundo una
bala le atravesó la frente o simplemente
bebió del frasco equivocado en todo caso vaya
cabeza la suya ja ja dicen que estamos en guerra
pero yo oí decir a alguien que no en todo
caso hay una cosa cierta ya es de noche
ya es de noche je je

SEGUNDO Y ESPECTACULAR ENCUENTRO DEL GRAN
RICKENBACKER CON EL GRANDE VON RICHTHOFEN.

El triplano rojo de Von Richthofen vuela
paralelo al aparato del gran Rickenbacker
qué sucedió qué sucedió que tampoco dispararon
Rickenbacker vio que él y el barón tenían
un diente de oro en el mismo espacio

LA GUERRA ADQUIERE UN NUEVO COLOR. MÁS
GRIS, NO SÉ SI ME EXPLICO.

Ellas llegaban con la bolsa de la
compra y les despertaban en francés
a ellos lo que más les divertía era
la baguette que encontraban muy propia
y pintoresca algunos habían sido
derribados un par de ocasiones no
querían volver no querían volver

TREPIDANTE Y CONTINUADO ÉXITO DE J. SMITH
CON LAS MUJERES. J. SMITH CADA DÍA MÁS POPU-
LAR Y ADMIRADO EN LA ESCUADRILLA.

En la frente de Smith se puede leer
yo soy tu hombre yo soy tu hombre
únicamente no lo verá una sola mujer tal vez
miope aquí empieza la triste historia de Smith

NUEVO SUCESO EXTRAORDINARIO. RICKENBACKER EMPIEZA A SER CONSIDERADO EN LA ESCUADRI-LLA COMO UN GRAN MATADOR. Y COMO UN GRAN EXTRAÑO.

,

Una fea herida adorna el hombro de
Rickenbacker parece una rosa pero no
es una rosa a su diestra vuela con él
un ángel con un estandarte en el que se
lee in hoc signo vinces Rickenbacker no
sabe latín y no tarda en olvidar el suceso

AVERÍA EN EL APARATO DEL GRAN RICKENBACKER, QUE CONSIGUE ATERRIZAR MEDIANTE UNAS APURADAS MANIOBRAS NO EXENTAS DE BELLEZA. ES UN PARAJE EXTRAÑO. PRIMER ENCUENTRO EN TIERRA CON EL BARÓN VON RICHTHOFEN.

Sabía que aparecería dijo el barón
bienvenido a Avalon

PROSIGUE EL PEQUEÑO GRAN DRAMA DE SMITH. SMI-
TH CADA DÍA MÁS PÁLIDO Y DEMACRADO. EL SAR-
GENTO BEAUFORD EMPIEZA A PREOCUPARSE POR ÉL.

Ella su nombre es delicioso
cogió la vida de Smith e hizo una
pelotita y la lanzó a la papelera a
quien le toca le toca dicen en las
tabernas
y en los parques y en las academias

LA ESCUADRILLA FRECUENTA UN DETERMINADO
CAFÉ. EN ÉL HAY UNA MÁQUINA EXPENDEDORA DE
TABACO QUE CAUTIVA A LOS MUCHACHOS DE LA
LA FAYETTE.

Ellas no tardan en hacerse amigas
hablan de dolores periodos y medias
en ocasiones se levantan las enaguas para
enseñarse un determinado tejido ellos
bromean en torno a una máquina que
les fascina en la que convergen futuras
tendencias de la posterior robótica
mecánica capaz de facilitar tabaco
y una tarjetita con el sino mientras
una negrita danza y bromea con un ojo con
hombrecillos de su tamaño

J. SMITH APRENDE A HACER CALIGRAMAS. TODO EL MUNDO EVITA CRUZARSE CON J. SMITH PARA NO TENER QUE LEER SUS CALIGRAMAS, POR OTRA PARTE INCOMPRENSIBLES. ¿ESE COMPORTAMIENTO COLECTIVO ES UN JUICIO AL ARTE CONTEMPORÁNEO O, SIMPLEMENTE, SE DEBE A LA PRISA?

J. Smith dice que cuando vuela compone caligramas su aparato rubrica es un ejemplo las letras de la palabra fin y entonces un boche dibuja una columna de fuego hasta el suelo Smith aterriza y dibuja el caligrama que el boche ha dejado para él dice que son mensajes en verdad espantosos

CHARLA NOCTURNA EN LAS LITERAS. TODA LA ES-
CUADRILLA LA FAYETTE CREE QUE DETRÁS DEL
SARGENTO RAMOS SE ESCONDE UNA GRANDE E
INENARRABLE HISTORIA.

Pero no es así

ÚLTIMAS GRANDES PALABRAS DE J. SMITH, PRO-
NUNCIADAS ANTE EL JOVEN GRAHAM PEABODY III,
DE LOS PEABODY DE BOSTON. INTERIOR TABERNA,
NOCHE.

Smith la pureza en una ceja y el horror sobre
la otra levantó su vaso y dijo recuerda
ellas nos quieren con estas medidas nueve
partes de gorila y una de huerfanito no lo
olvides y se lo bebió todo de un trago el
joven tonto Peabody asustado asentía aún no
comprendía el final de muchos filmes cuando
por ejemplo él y ella se separaban a pesar
de todo

UNA NOCHE EL BUENO DE RICKENBACKER CONO-
CE A QUIEN NO RESULTA SER OTRO QUE MARINE-
TTI. PERMANECEN JUNTOS TODA LA NOCHE, RECO-
RRIENDO LAS INTRÉPIDAS CARRETERAS ITALIANAS.

¿Y el pobre Rickenbacker que en un
permiso junto a un italiano Marinetti creo
gran bebedor adelantaron a otro vehículo
en el que iba Dios a quien evidentemente
no reconocieron? Cómo reía Dios
Rickenbacker ese muchacho en verdad
le caía bien por lo visto

ÚLTIMO VUELO DE JOHN SMITH. NADIE SABÍA EN
VERDAD SU VERDADERO NOMBRE.

Copado por la hombría o la nada o por la
hombría y la nada vayan ustedes a saber
J. Smith contempla el amanecer pero antes
de subir a su aparato enciende un cigarro
esa era y no otra la señal que esperaba
Dios que procedió con diligencia

MARIE TESTIGO DE UN MILAGRO EN TIERRA. NUNCA
SE LO CONTARÁ A RICKENBACKER. RICKENBACKER
ACUDE CADA DÍA AL DOMICILIO DE MARIE Y FUMA Y
LA CONTEMPLA EN SILENCIO. LE BRILLAN LOS OJOS.

Las piernas de Marie no pueden ya
con Marie que está sentada en la
escalera de pronto aparece un ángel
y friega por ella las dos plantas
que le quedan cuando desaparece Marie
recoge un estandarte de la papelera y
lee in hoc signo vinces

MÜLLER DERRIBA Y CAPTURA A UN ENEMIGO. DU-
RANTE LA CENA LA ESCUADRILLA COMPRUEBA
QUE EL BOCHE COME CON APETITO Y QUE LA ES-
CASEZ SE CIERNE SOBRE LA ZONA ENEMIGA.

Hacia el final el boche se cuadra y
brinda en alemán ya conocen ustedes
lo ruidoso que es un brindis prusiano
Müller inquerido traduce y dice que dice
algo así como que somos felices
porque nuestro país no tiene ruinas de
castillos la escuadrilla ríe Walker
bromea con el Álamo son felices
son felices

OTRO DÍA TONTO EN LA VIDA DE RICKENBACKER,
EL INTRÉPIDO.

> ¿Y Rickenbacker que un día vio
> a Dios y lo derribó creyendo ver
> un aparato enemigo? En verdad que
> hacía tiempo que Dios no disfrutaba
> tanto

FINAL DE LA GRAN GUERRA O PRIMERA GUERRA
MUNDIAL O GUERRA DE EUROPA.

De pronto la guerra acaba demasiado
pronto demasiado tarde nadie sabe
que el sargento Beauford morirá congelado en
Skid Row que el gran Rickenbacker
morirá trágicamente en Lisboa que algún
piloto se unirá a la mujer que habrá de
asesinarle que otro aviador vivirá
como piloto acróbata itinerante

Apéndice I

HIMNO DE LOS VOLUNTARIOS DE LA ESCUADRILLA LA
FAYETTE, TITULADO «LOS VOLUNTARIOS DE LA ESCUA-
DRILLA LA FAYETTE CAEN HERIDOS Y DESFIGURADOS
POR DOQUIER Y POR LA CAMPIÑA FRANCESA, CLARO».

La necesidad había estimulado el desarrollo
de nuevas técnicas que practicaban medicuchos
y otorrinos y algún ginecólogo despistado
y que con todo dieron algún resultado satisfactorio
mas aquellas que no lo dieron produjeron una
generación de monstruos y parias que junto a
aquellos otros no tratados por la cirugía plástica
constituyeron una terrible y secreta fratría
posbélica ¿dónde fueron a parar?
en ocasiones aparecía uno como un mojón al
lado de la carretera el agujero de su mejilla
jamás pronunciaría palabras de amor junto a
otra boca la vida en fin es así

Apéndice II

EL FIN DE RICKENBACKER. RICKENBACKER, QUIZÁS
EL GRAN HÉROE DE LA LA FAYETTE, MUERE EN UNA
TÓMBOLA LISBOETA A CAUSA DE UN BALÍN FATÍDI-
CO DISPARADO POR UN BORRACHO. ¿QUERÍA UN
OSO PARA SU CHICA O, SIMPLEMENTE, QUERÍA DIS-
PARAR A RICKENBACKER? ESO NUNCA SE SABRÁ.

Rickenbacker accede al paraíso y comparece
ante el gran Dios de las potencias aliadas
y centrales al rato de conversación no puede
dejar de decir que su cara le suena Dios
ríe como un pirata le da una palmada en la
espalda y acaban saliendo animados y cogidos
del hombro hacia el jardín
que es la muerte propiamente dicha

Apéndice III

HIMNO COMPUESTO EN MAYO DE 1937 POR JOE
CARBONARA, BRIGADISTA INTERNACIONAL Y UNO
DE LOS TREINTA Y TRES SUPERVIVIENTES DE LA
MALOGRADA ESCUADRILLA LA FAYETTE. CARBO-
NARA AÚN VIVIÓ LO SUFICIENTE PARA VER LA BAN-
DERA DEL EJÉRCITO ROJO SOBRE LAS RUINAS DE
BERLÍN, EL ALUNIZAJE, LA MUERTE DE NASSER.

¿Dónde acaban sus alas dónde empiezan
sus corazones dónde se corta la bencina
y la sangre en sus motores?
Apartad muchachos apartad es la aviación
republicana es la aviación de la
República las almas de sus pilotos
muertos vuelan infinitamente hacia el Sol
de la gloria las almas de sus pilotos
muertos son lo que los vivos conocen y
llaman pajaritos
pío pío pío

La canción del Blade Runner

I

Libro de los europeos
y las europeas

Mefistófeles cierra la puerta con llave y se dispone
a dar otro paseo nocturno por las calles de Viena
Y de noche Mefistófeles escucha sus pasos y ve un gato
y una rosa pisada y un adoquín que sobresale
y con el que Mefistófeles tropieza y recuerda
algo lejano en el tiempo
Los paseos nocturnos por la húmeda Viena facilitan
meditaciones sobre un fondo musical que desinteresadamente
las piedras expulsan por la noche como de noche
expulsan no sé qué los vegetales
Mefistófeles detenido observa un adoquín que sobresale
como la mano de un muerto sobresale de la tumba o
como un libro caído sobresale del suelo
Cuando se es viejo todo es el título de algún recuerdo
o quizás no
Bueno Bah
La boca de Mefistófeles se abre y por ella sale vaho y
Mefistófeles prosigue hasta el Gran Casino

En lo que es un descanso en su duro trabajo
de modelo Kiki de Montparnasse dice oh y abre el estuche
que Man Ray le ofrece divertido con todo el brazo estirado
y Man Ray aparta el cabello del cuello blanco
de su modelo Kiki para abrochar
así el collar nuevo de perlas de vidrio
pero acaba mordiendo el cuello libre de vello
que se mueve lento hacia Man Ray
Kiki a las seis contempla las espaldas de Man Ray
inclinado en el quicio de la ventana
y sin caer en ello sigue con el dedo
el dibujo del empapelado de la pared
Durante una cena Kiki ríe toda porque
es gracioso escuchar el francés de Man Ray
y Man Ray que lo sabe se presta a ello

En la India todo el mundo se derrumbaba
cuando transportaba un paquete sobre la
cabeza era el paludismo y entre las multitudes
unos hombres avanzaban lentamente eran los
ingleses eran los ingleses
la ginebra y el trópico los minaba
cazaban tigres decían que la laca era
una técnica asiática de exactamente
finales del siglo quince
Los ingleses cruzaban los ríos con cierta proporción
de pánico y durante horas sus pies mojados
chapoteaban en las botas qué rabia

Bien bien iba todo o quizás
todo lo contrario y todo fuera mal
El caso es que las ruedas de las minas
seguían extrayendo algún niño sucio y muerto
y los ciudadanos subían a los tranvías
y a ellos se asían con una mano
cuando con la otra cogían la gorra y saludaban
a una cámara que tal vez los filmaba por las calles
Pero verdaderamente ajena a todo
a todo lo exterior tras los tabiques del Ritz
Coco Chanel dormita se ducha o se sienta
con cuidado de no arrugar la falda
Coco tenía diecinueve veinte años
y paseaba por los Elíseos
y le decían canta Coco y cantaba
un cuplé titulado no sé qué de Coco
Coco entraba en el Ritz y el ruido
de sus tacones desprendía del piano
al oficial alemán de la trescientosdós
que más que escuchar olía los pasos de Cocó
y se incorporaba y hacía chocar los tacones
de sus botas de charol

Cuatro de enero de mil novecientos treinta
y dos y don Manuel Azaña avanza por los
pasillos como un par de castañuelas
la república la república es el primer
banquete oficial de la república y
don Manuel se enorgullece al consignar
que a los postres no sé qué orquesta
hará lo propio y que je je el rey
nunca hizo nada parecido
En la soledad de su habitación don
Manuel se desprende del calzado y la
habitación huele a hombre cenado que
fumó y tomó café él también se siente
joven y se imagina en otro paisaje

Pero los peores eran los irlandeses galeses o
qué sé yo seres rubios que llegaban a nado a Macao
una cicatriz surcaba sus rostros y
regentaban tugurios de madera y zinc
seres silenciosos una vieja herida surcaba
sus rostros habían matado a su único hermano
permanecían semanas sin hablar se empeñaban
en que un joven ebrio dejara de beber digo yo
que sake y entonces sus ojos volvían a ser
verdes o azules generalmente el joven les
asesinaba solitarios en sus mesas frente
a una botella decían palabras extrañas

Por los canales nerviosos de Virginia Woolf avanzaban
los nervios como la sangre avanza acelerada
en las venas de un cuerpo en verdad alborotado
y Virginia Woolf se arrojó al lago y se hundió lentamente
como lenta cae al suelo una taza de té
Hay que ver la muerte como un producto de fácil
adquisición en horcas improvisadas corrientes metales
pero ahogarse es morir por todos los sitios
y fumar beber es morir sentado poco a poco y sin despeinarse
Cuando se fuma y se bebe en un café se hace sociedad con la
muerte y eso nos obliga a mantener un gesto
si se quiere elegante
Hasta Sussex llegaba discreto y mezclado con la niebla matinal
el olor a piedras y vinagre del maligno gas mostaza
y la gente decía fumo mucho y tosían y se repetían
que para mañana he de dejar de fumar
Virginia Woolf dejó de remar y lentamente
introdujo el pie dormido en el frío lago de Brighton
Tras su máscara de gas el soldado Taylor
mira cómo evoluciona una fea herida en una mano
Detrás de Taylor una nube parte empujada hacia el Oeste

Gabriele D'Annunzio parte hacia Viena
con la intención de saturar la capital de cuartillas
en las que Gabriele ha ordenado imprimir vivas
a Italia y a la libertad además
de otros textos
D'Annunzio radiante satisfecho
desciende del biplano militar
y avanza junto al piloto hasta
un tumulto que los aguarda
Gabriele D'Annunzio desabrocha su gorra
de cuero bromea a propósito del Emperador
y comenta ha sido un viaje maravilloso
D'Annunzio brinda por algo
y se gira y sin perder el hilo
de la conversación contempla el avión
y guarda para sí una impresión
que empezó a madurar en el aparato

El digo yo peculiar dibujo que caracterizaba
la bota norteamericana y que no es momento de
describir se lo llevó una ola y otra dejando
arena en la boca de los desdichados cadáveres
de Normandía
Pero en las calles de París aquel París liberado
que decían la gente gritaba a los soldados y
camiones americain americain y el americain
se giraba y alargaba el brazo pelirrojo
para acercar goma de mascar
A unos dos metros de la multitud bajo
una portería Boris Vian contempla el desfile
pela un chicle y lentamente se lo
introduce en la boca y lo mastica poco a poco
mientras lee extra strawberry double gum
Con todo Sinatra desembarcó en Normandía
en olor de multitudes y strawberry
y Gene Kelly tras la contienda decidió
establecerse como pintor en París
y en su calle cantaba I got I got
y los niños de la escalera intentaban
intervenir en el estribillo
Recuerdo a Vian tocar ausente la trompeta en una
party para la oficialía norteamericana

Europa Europa gris pátina caminaba
a luz y velocidad de vieja moviola
y como robotitos iban al trote
los europeos sobre el puente de Alexandre III
Los niños se adelantaban presurosos dos metros
a sus padres pero éstos con brazo angular y severo
los requerían con todo éxito y así tardaban más
más en llegar a la Gran Exposición donde
se reúnen todas las banderas y maravillas del mundo
y banderas y maravillas se saludan con alegría decimonónica
y los conocidos que se cruzan también se saludan
en este caso alzando la chistera claro
La Gran Exposición la Gran Exposición
Pero las damas evitan un pabellón presas
de un impreciso acceso de pudor y
los caballeros entran con el sombrero en las manos
en el gran pabellón norteamericano
En un rincón de él ante una gran rueda
dentada alguien guarda silencio y no comprende nada
Con canotier gafas comiendo frutos secos detrás
de una mesa un americano de Detroit
bromea con un compañero

Jean Potocky recorre boquiabierto Andalucía
y en estos momentos lo hace precario de
equilibrio sobre un terraplén de sal
y la sal le entra por las botas porque
a quién se le ocurre ir con botas a la salina

No se puede pedir más todo a veces
fue hermoso no podemos decir más
Hemos sido hemos sido qué más poder pedir

II

Libro de los norteamericanos
y las norteamericanas

Los niños violentaban una boca de incendios
o abrían la puerta a Lucky Luciano
que les daba un centavo o un dólar de oro
Los niños frecuentaban las proximidades
del Cotton Club a la espera de Dutch Schultz
Los niños jugaban a las destilerías e
improvisaban bandas con llaves inglesas
y piedras redondeadas
Los niños inclinaban su gorra como
el héroe de los billares

Una corista vuelve a casa con una radiografía
y se desnuda mirando a ninguna parte
Nació mil kilómetros al Este aprendió
a bailar en un granero y quizás
le quedan dos o tres meses de vida
Una anciana le grita porque ocupa
demasiado tiempo el teléfono del rellano

Un policía decide dejar de fumar y
bromea al respecto en los vestuarios
De madrugada su voz enrarecida suplica
a su compañero de patrulla una visita
Cuando llega lo encuentra fumando tres cigarrillos
Tres bultos yacen acribillados frente a la nevera

Los aviadores vuelven repatriados y orgullosos
caminan por la ciudad con sus cazadoras cortadas
Nunca pisaron Berlín o en todo caso
nunca lo vieron en pie
En sus casas fuman en camiseta
Es ya muy tarde cuando sus madres se
acercan al lecho y les acarician el cabello
y susurran pero qué tienes hijo

Una mujer cierra la puerta con el tacón
y deja sobre la mesa varias bolsas de
comestibles no ve en la puerta del frigorífico
una nota en la que se lee me he ido te dejo me he ido

En un automóvil una pareja se ama
a toda velocidad
El parachoques roza los neumáticos
y quieren llegar a toda costa a Méjico
Dos coches de policía obstruyen la carretera
tres millas más adelante

Una camioneta vieja matrícula de Minnesota se
detiene en un espacio vacío frente a la ventana
Hay un hombre y una mujer y dos chicos en su interior
esa gente parece agotada y hay ropa colgada en el coche
Tal vez eso es todo lo que poseen después
de que el Banco de Minnesota se quedara con todo

En la noche de Navidad un policía
cena frente a los dibujos animados
pero suena el teléfono y lo descuelga
y contesta debe de haberse equivocado
feliz Navidad a usted también

En un establecimiento un adolescente pide
un batido y dice que nunca he conocido una chica
como tú
Los camareros llevan gorros blancos
pero también creen en los batidos lácteos
Cuando alguien mete un centavo en la máquina
los camareros también se alegran y siguen el ritmo
Las madres italianas de los camareros no
entienden esa música ni sus cabellos

Todo el mundo es famoso durante quince
minutos y cada barrio tiene un boxeador
y una bailarina
Juntos jugaron en sótanos llenos
de cajas de cerveza improvisaron aventuras
con velas a través del alcantarillado
y se prometieron en matrimonio bajo
el agua de una boca de incendios en verano
Él la defendió de los obscenos irlandeses
con sus puños entonces de cartón
Las piernas peladas de ella le conmovían
cuando escalaban las escaleras de emergencia

Veía a una mujer de vez en cuando se lo pasaban
bien juntos y eso era lo que ambos querían
al menos en un principio mas
después comenzaban a sentirse entristecidos cuando
estaban separados y decidieron dejarlo estar
pero no pudieron y había noches en que él
despertaba llorando
llegó a considerar el suicidio
Ella le hizo prometer que no lo haría
Cuando no pudo más dejó la familia
y se fue a vivir con ella

En fiestas callejeras de barrios polacos o italianos
se improvisaba un círculo para que bailaran un
boxeador vergonzoso y una bailarina conocida
Alguien bromeaba con el estreno o el combate de mañana
Todo el mundo es famoso durante quince minutos
Hay boxeadores ciegos que venden
periódicos en la Tercera Avenida
Los niños intentan engañarles

Un hombre conduce en línea recta pero
piensa en otra cosa le gusta beber y
le gusta beber en el coche dicen que
eso es una cosa a la que te acostumbras
en Montana donde no va contra la ley

De pronto dos muchachos falsifican
en New Mexico sus tarjetas de identidad
y cruzan la frontera
Vuelven con sombreros y burritos de paja
Bromean con la Guardia Federal
y vomitan mientras conducen
vuelven a casa con otro peinado
Tiempo después uno muere en Corea

III

La canción del
Blade Runner

Oh olvidar Europa de una maldita vez
Antepasados ferroviarios sepias y paralizados
en daguerrotipos esparcidos sobre el piano
El olor de la orina sobre el aluminio de las naves siderales
Naves ardiendo más allá de Orión neones
y manchas de aceite de cetáceo en las camisetas
de los maleantes
La oscuridad de los bares ladinos
Una mujer muerta y una pistola aún caliente en nuestras manos
Sangre y licor mezclados en un trago tras una paliza
Deseos de ser un Blade Runner

Los hombres y las mujeres
y los monstruos

Los hombres y las mujeres

En los festines hombres
silenciosos se recuestan en las sillas y en los hombros
de sus mujeres encendidas como cerillas
que traen un plato y otro plato
y de sus manos hacen trapos
y limpian las caras y los cabellos de sus hombres
Hombres rotos como juguetes rotos
que llegan las bodas y los domingos
y son hombres rotos y rotos sonríen
y dormitan

Sus manos de coger martillos y metales
aman

Hay familias que deciden confundirse
con una mujer y le compran ropa blanca
y la van a esperar a la salida de la fábrica
o de la academia
Hay familias que mientras cocinan o compran
combustible piensan en su mujer y los niños
cuando la ven intuyen
un objeto blanco
y a ello no le dan la menor importancia

Cada día una mujer vuelve a casa con un hombre
con el pelo engominado con agua de colonia
y todo el mundo intenta sonreír
y la noche de la boda todo el mundo
sufre los dolores de una mujer que saben débil

Hay mujeres con calcetines calados y blancos
que reían en el centro de todas las fotografías

Los hombres llegaban sencillamente y hablando
como los héroes o los bueyes
Los hombres volvían como locomotoras cansadas
tristes y puros y abrían las puertas
y en el quicio se estacionaban musculosos e inofensivos

Era ahí donde olían o miraban una mujer
azorada que les esperaba

Mujeres que se limpian la cara
con telas y papeles mujeres
que llegan de la ciudad
y suspiran y se lavan
y a medio vestir se sientan
sobre un sillón
cansadas

Sus piernas húmedas y estiradas
dicen ay
Sus piernas de mármol se agrietan

En las cenas los hombres hablaban a las mujeres
de la revolución o de los ferrocarriles
Intuían el viento y la mecánica
y sus manos jugaban inquietas
con el pan o con un cubierto
Las mujeres se levantaban los acariciaban y servían
en silencio otro plato
El plato humeaba

Había mujeres que se resistían como una raíz
a salir a bailar y cuando los hombres sin utilizar
toda su fuerza las arrancaban de la silla oían
un chasquido feliz y vegetal de vegetal que se arranca
y temerosos ellos pensaban que habían roto un raro
mecanismo invisible inútil textil
de mujer
Había hombres como robles que acudían
a los bailes como ogros enamorados que esconden
flores en sus espaldas hombres
acostumbrados a un hacha que no sabían qué hacer
con una mujer en las manos
y por eso bailaban
Hubo mujeres que en una sala sonreían
a todas partes porque la sala era un baile
y tenían veinte años y vestían de blanco
y parecen ignorar algo
Hubo hombres que imaginaban a las mujeres
de madera de pulpa qué se yo

Los aprendices pedalean con fuerza en sus bicicletas
y avanzan felices barrio tras barrio
Los envían a buscar cerveza o tornillos
Van sucios de grasa y planean una máquina nueva

Por las tardes los aprendices se lavan
y por las calles aprietan las caderas de una mujer
Al anochecer la besan y la muerden en un portal

A veces los aprendices apoyan la bicicleta en la pared
y compran un paquete de tabaco
y cuando salen del comercio a la pureza
les baña los brazos y los cabellos

Oh dios dios
soy
tan
infeliz
snif
snif

Los monstruos

En una selva de romero vive
un animal que se alimenta
de braguitas que arranca en caminos
ríos y habitaciones

Un ser deformado baja cada
noche a los sótanos con una cesta
y ofrece collares y medias
a unas mujeres esbeltas y prisioneras
A veces viene herido y solo
trae pan y sonríe apenado

Soldados franceses mataron en Italia
un ser que siempre huía
y que solo una vez acorralado
mataba una mujer y le bebía la sangre

En la fotografía, el abuelo del autor, un amigo por determinar
y Rickenbacker durante una juerga en Barcelona hacia 1920.
De lo que se desprende —como el agudo lector no habrá de-
jado de intuir— que todo lo que se cuenta en los tres libros
que componen este volumen está inspirado en hechos reales
y tiene una base autobiográfica, incluso biográfica, si se tiene
en cuenta al propio lector. Bajo los nombres de los diferentes
componentes de la Escuadrilla La Fayette se esconden, conve-
nientemente camuflados, el sargento Rafael Ramos (a quien
debe agradecerse el haber agenciado la carta del sargento
Stuart L. Beauford que figura al comienzo del volumen), Toni
Álvaro, Víctor Lacarta (†), Claudio López de Lamadrid (†),
José María Micó e Ignacio Echevarría (¿J. Smith?).

Este volumen se imprimió en Madrid
en octubre de 2025, en conmemoración del joven
aguerrido que fue Guillem Martínez, quien, sin darse
por aludido, aún sigue volando por los aires a la caza de
Manfred Albrecht von Richthofen, el Barón Rojo.
Y ese es su carácter.